今のわたしを
好きになる本

宇佐美 百合子

は じ め に

ネット・カウンセリングをはじめて12年になりますが、
みんなが知りたいと思っていることは、
ただひとつのように感じます。
それは、「ありのままの自分をどうやって愛するか」ということです。

私も、どうしても自分を好きになれずにいた人間のひとりです。
自分のことが嫌いだから、自分に自信を持てるはずもなく、
本当に疲れる人生を送っていました。

でも、いろいろな経験を積み重ね、少しずつ変わりました。
「自分が嫌い」から
「自分を好きでも嫌いでもない」になって、次に
「自分がまぁまぁ好き」から
「自分が大好き！」というふうに。

自分をどれくらい好きになれるかで、
毎日がどれくらい楽しいかが決まると思います。

それを決めているのは、
他人でも家族でもなく、あなた自身。

だから、あなたの“自分の見方”を180度切り替えてみませんか？
そうすれば、あなたの暮らす世界も、あっという間に変わります。
この本には、そのための考え方をたくさん詰めこみました。

「ありのままの自分」を大好きになりたい…
そう思っているあなたに、この本を贈ります。

Contents

わたしは、
世界にひとりしかいない。

あなたも、
世界にひとりしかいない。

だれも、代われないって、
すごいことだね。

弱さは強さ

10代20代と、私は“強さ”にあこがれていました。
「さみしい」「つらい」とぼやくのは弱いからだと考えていたし、ましてや人前で泣くなんて最低だと思っていたのです。
だから、自分がさみしくてどうにかなりそうなときも、泣き叫びたいほどつらいときも、その感情を打ち消して、平気な顔をしていました。
「強くなりたい」と思うこと自体が弱い証拠なんですが、当時の私はとにかく「弱いことはよくない」と思いこんでいて、自分を強く見せることに懸命でした。

これを読んで「私のことみたい…」と感じた人がいるかもしれませんね。一緒に“強さ”について考えてみましょう。
はたして、「さみしい」「つらい」といった感情に陥《おちい》らないことや、どんなときも涙を見せないことが“強い”といえるのでしょうか？

私は、違うと思います。そういう人は、すべての感情を深く感じとれないでいることが多いんです。
「さみしい」ときや「つらい」ときだけじゃなくて、「楽しい」ときや「うれしい」ときも、泣きたくても泣けないんですね。

おそらく、過去にひどく傷ついた経験があるのでしょう。それが原因で、感情を深く味わうことを拒否していると考えられます。

本当の“強さ”とは、弱さをなくすことでも隠すことでもなく、「自分」と「他人」の弱さをすっぽりと包みこむことだと思います。だから、強い人ほどやさしいし、「私は弱い」と平気でいいます。大泣きだってします。他人の弱さにも寛容《かんよう》です。

まずは、あなたの中にある、弱さに対する「罪悪感」を捨てることからはじめましょう。弱さは、強い人間には不可欠なものだと自分によーくいい聞かせて。

次にその「さみしさ」や「つらさ」が、どこから生まれているのかを探します。それができれば、他人が同じような弱さを見せたとき、あなたは相手をいたわることができるはずだから。
感受性が豊かで、どんな感情もかみしめられるのは素晴らしいことです。笑うあなたも、泣くあなたも、喜ぶあなたも、怒るあなたも、どんなあなたも、全部あなただと思うから。

これも、わたし…
あれも、わたし…
それだって、わたしみたい…

もしかして、わたしは、
なんにでもなれるのかな？

光と影

あなたは、「自分の性格を変えたい！」と思ったことはありませんか？
ずるい自分を発見したときや、すぐ意地になってしまったり、見栄をはってしまったりしたときとか…。

私も自己嫌悪に陥《おちい》るたびに、「いつも“自分の好きな自分”でいられたらどんなに楽だろう」と思って生きてきました。
自分の嫌いな部分が「陰」、好きな部分が「光」だとしたら、今の私にも「陰」はたくさんあって、しょっちゅう顔を出してきます。その点は以前となんら変わりません。
けれども、自分が「立派でなければ、人から愛されない」という刷りこみから解放されて、「どうしようもないところがあっていい」と思えるようになった点は変わりました。

そもそも、「強い」「弱い」、あるいは「慎重」「大胆」といった概念は、言葉は正反対でも、必ずひとりの中に存在するものです。
ちょうど地球の昼と夜に似ていて、一方に光があたっているときは、もう一方は陰になって見えていないだけです。
光と陰は一体だから、どちらか一方をなくそうとしてもムリでしょう？　人間もこれと同じで、ムリをすれば「いびつ」になって、性格はゆがんでしまいます。
大切なことは、「陰」の自分も「光」の自分もいることを理解して、どちらの自分も同等に受け入れることです。
両方のバランスをとって、状況に応じて自在に出し入れできるようになればいいんですから。

「性格を変える」というのは、別人になることではなく、「自分の扱いがうまくなる」こと。
「陰」の自分が出てきたら、「おー、相変わらず」「今だけだよ」といって苦笑しながら、客観的に見守っていればいいんですね。
それでここ一番という大事なときには、勇気と集中力を使って「光」の自分を発揮《はっき》し、「よくやった！」「これで大丈夫！」と思いきり自画自賛するんです。

そうすれば、あなたはもっとのびのびと、楽しく生きられると思います。そして、そんな心の舞台裏を洗いざらい見せられる恋人や親友を作ることができれば、人生はますます愉快になると思いますよ。

赤ちゃんって、すごい！

ただそこにいるだけで、
見る人みんなの心を
なごませるから。

シンプルな生き方

まだ若いとき、私の目にはいろいろなことが「複雑」に映りました。
人間関係も、人生も、自分のことも…わかりにくいことは全部「複雑」に見えたのです。
ふり返ってみれば、自分のことが複雑でわかりにくいと思っているときに、人間関係や人生がうまくいくはずもなく、またそれで悩むから、よけいと何もかもが複雑に見える…そんな悪循環に、はまっていたようです。
実は、「複雑でわかりにくい」と感じていることは、「自信を持ちたくても持てない」ということなんです。

その頃の私は、心配ばっかりして心の安らぐときもなく、そのくせ物事を複雑に解析するのが高度な人間だと思っていました。
だから、単純な人に会うと、心の片すみでバカにしていました。
でも私は、そのたびにとても大切なものを失っていったんです。
それは「無邪気さ」。

無邪気な人は、いつも単純明快です。策略や疑心といった邪気がないから、思考がシンプルで清らかなんです。
自分の思考に邪気が充満していることは、自分が一番よくわかっていました。だから私は、どうしても自分を好きになることができなかったのです。
好きでもない自分に、自信などわいてくるはずもありません。

「もう利口ぶらなくていい。バカになれ！」
禅僧のそのひと言で、私は目が覚めました。
子どもの頃から「バカにされまい」と思って複雑に考える自分を作りあげ、それが自分を苦しめていたことに気づいたのです。

私は、おどろくと同時にホッとして、一気に肩の力が抜けていくのを感じました。日々の暮らしの中に、じわじわと「無邪気さ」がよみがえってきました。
「これでよかったんだ」という思いに満たされて周りを見渡すと、宇宙がいかにシンプルで、そのあり方がいかに美しいか、ということが痛いほど伝わってきました。
このときの「これでよかったんだ」という思い、それが今の私の自信につながっています。
今あなたの目には、世の中がどう映っていますか？

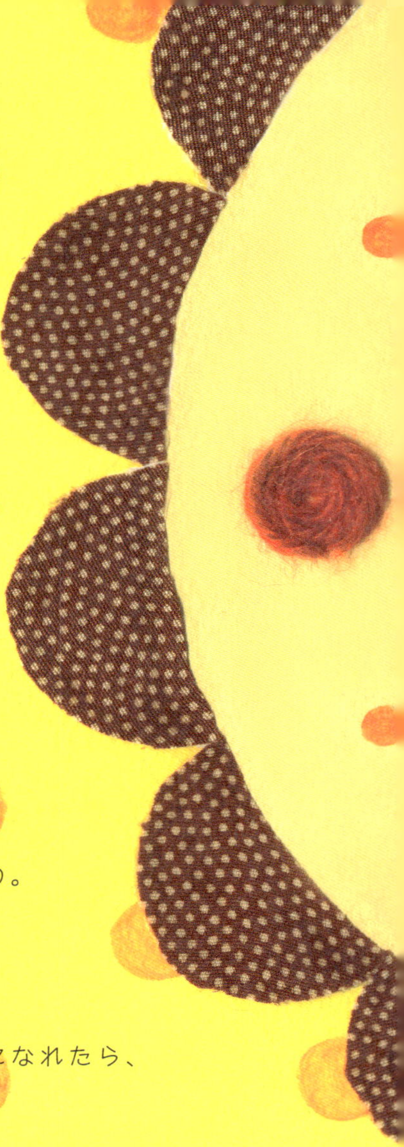

今までのわたしは、きらい。
だから、
今のわたしを、好きになりたいの。

だけど、ほんとうはちがう…

今までのわたしも、ぜんぶ好きになれたら、
どんなにいいかって思う。

うつり変わる記憶

人はみんな「忘れられない過去の出来事」を抱えて生きていますが、あなたには「思い出すのもつらい過去の出来事」がありますか？
あるのなら、思いきってその過去と向き合ってみましょう。
過ぎ去った出来事そのものは、たとえ１分前のことでも修復できませんが、その出来事への“思い”は変えられます。
あなたの過去の記憶をぬり替えて、少しでも心を軽くしませんか？

あなたに、どんなに傷ついた過去があったとしても、それは記憶のひとつにすぎません。記憶として現在も残っている「心風景」が、あなたの「過去」を作り出しているのです。
現に、あとになってふり返ってみたら、「なーんだ、この程度のことだったのか」と、その過去に対する“思い”が変わることはめずらしくありません。
子ども時代、親に叱られて感じた「不満」が、大人になって「あのとき叱ってくれたから、今の自分がいる」という「感謝」に変わる…これもその一例といえます。

このようにして「過去」と呼ばれる「心風景」は、人間的な成長にともなって変化するもの。つまり、見方が変われば「自然に“更新”

されていく記憶の断片」なんです。
この“更新”を意図的に起こせば、過去に負った心の傷を自分で修復することができます。

方法は、当時の自分を「徹底的に反省する」ことです。
つらい記憶には、傷つけられた「かわいそうな自分」と、自分を傷つけた「許せない相手」、もしくは「不幸な出来事」があると思いますが、それを全部くつがえして「すべては自分が招《まね》いた必然の出来事」ととらえます。

最初は抵抗を感じるかもしれません。でも、そこで足踏みしていても何も得られません。どうか粘り強く、そのときに自分が「やればよかったのに、やらなかったこと」をふり返って反省してください。
そうすれば、きっとその出来事の真意に気づけると思います。

過去の出来事を許し、傷ついた自分を許し、そこにかかわった人たちを許すとき、心風景はぬり替えられて、あなたは「過去の傷」から救われるのです。

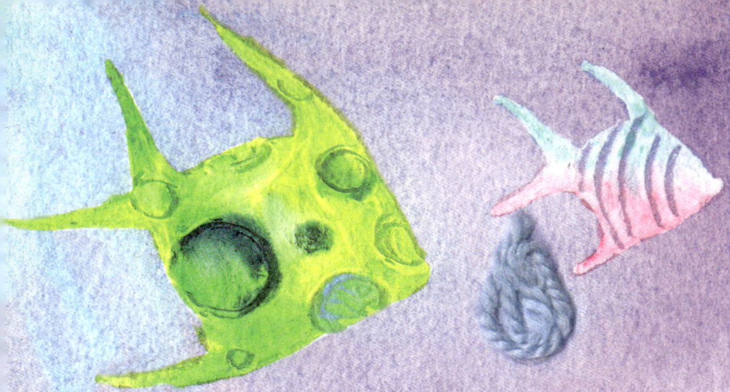

あのとき、
いっしょに泣いてくれた友だち。

あの子のことは、
ずっと、忘れない…

こわがらない人

社会人になってから、昔のような“深い人付き合い”ができなくなった…。表面的な関係や、一過性の関係ならそつなくこなせるのに、いざ深く付き合える関係を築こうとすると、なかなか思うようにいかない…。

そう感じている人はかなり多いと思います。もしかしたら、あなたもそのひとりですか？　ではどうしたら、昔のような“深い人付き合い”ができるようになるのでしょう。

その答えを、一番よく知っているのは、実はあなたなんですよ。

そこで、あなたに質問です。

どういう人と深く付き合いたいと思いますか？　具体的に、条件をあげてみてください。

今あげた条件を満たす人物にまず自分がなること、それが答えです。

人は誰でも、心に“安心領域”を持っています。

「はじめて会った人には、ここまでなら自分を出しても大丈夫」とか「これ以上は、他人に入りこまれたくない」といった、いわば心の境界線のことです。

あなたが昔、深く人と付き合えたのは、どんな友だちにも自分の“安心領域”を開放していたからではありませんか？

「傷つくのは嫌」「私のことをわかってほしい」といったことを、いちいち考えていなかったからではありませんか？

子どものとき100％だったあなたの“安心領域”は、傷つく数が増えるたびに90％…80％…と減っていったのでしょう。
そうやって、“安心領域”を減らし、ときには閉ざすことで、あなたは今も自己防衛しているのかもしれません。
でも、自分が傷つくことをこわがって防衛していたら、同じように傷つくことをこわがって防衛している人とは、決して打ちとけあうことはできません。
あなたが本当に深い付き合いを望むのなら、まずは、自己防衛の姿勢をくずすことからはじめましょう。

自分から心を開いて、本音を語る友でいてください。
いつでも、だれにでも裏表のない自分でいてください。
ムリをしないで付き合えるよう、「こうであってほしい」などの条件を相手に課すのもやめましょう。
そうすれば、特にあなたが「うまくやろう」と思わなくても、自然にいい関係が生まれますよ。

「あなたはどうしたいの？」

それは、とっても大切な問いかけ。

だから、
自分の心にも聞いてみて。

「わたしはどうしたいの？」

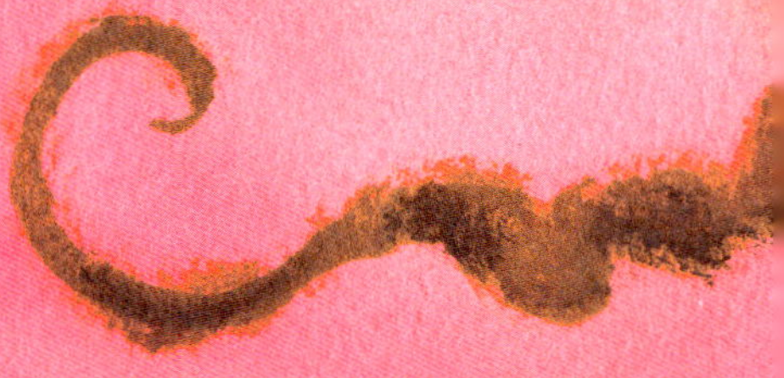

変わらない価値

これは、私がまだアナウンサーだった頃の話です。
「こうすれば上司から認められる」「これならテレビで好印象を得られる」…。私はそんな調子で、年がら年中、人目に映る自分を計算しながら行動していました。成功を得るには、他人からよく思われることが不可欠だと信じていたのです。
仕事が軌道に乗ってチヤホヤされはじめると、その信念は強くなる一方で、「人から高く評価されるかどうかで、人間の価値は決まる」とまで思うようになりました。

ところが５年後、アナウンサーをやめて渡米した途端に、自分の価値がわからなくなってしまったのです。
苦労して手に入れた日本での地位など、まったく通用しません。そんなことは重々承知していたはずなのに、「心細い」「情けない」「何を心のよりどころにすればいいの？」と私は困惑するばかりでした。

日を追うごとに「私という人間は同じはずなのに、環境によって価値が変わるのはオカシイ！」という思いが強くなっていきました。
いつ、どこにいても「いったい、これまで私が得ようとしていたものはなんだったのか…」という疑問が頭から離れませんでした。

そして、ある日とうとう目が覚めました。
「他人の評価を得るためだけに生きていた自分」に気づいたのです。
「他人の評価」とは、「他人の都合」。
そんな不確定なものに、私は身を委《ゆだ》ねて生きていたのでした。

あれから25年になります。私は「他人の評価」よりずっと大切で、揺るぎないものを手に入れました。
「自分で自分を評価して、価値を決める」という生き方です。

他人の思惑《おもわく》にとらわれなければ、自分に正直でいられます。
また、そうやって自分に正直でいることを第一優先に行動すれば、たとえ他人の評価が変わっても、仕事や肩書きが変わっても、私の評価と価値が変わることはありません。
すると、自然に「私は私を生きている」という感覚が芽生えてきて、堂々と胸をはって生きられるようになるんですね。
他人は、自分を認めさせる対象ではなくて、縁あって今を共有し、応援しあう仲間なんです。

いちいち確かめなくても、

どんな気持ちでいるかって、

ちゃーんと、わかってるもん。

愛の真ん中

恋人への“不安”って、すごく厄介《やっかい》！
「自分は本当に愛されているか」「相手は絶対に浮気しないか」…
そうやって、次々とわいてくる心配事にふり回されていると、心は疲れてしまいます。

実をいうと、あなたが「相手」に対して抱く“不安”は、「自分自身」に対して抱いている“不安”なんです。
こうした目に見えない感情は、他人のそれと比較のしようがないために、自分の体験やイメージを基準にして生み出されるからです。
例えば「自分はどのくらい愛されているか」は、自分の中にある「このくらい愛してるときは、こんな感じ」という体験やイメージを基準にして推《お》し量るしかないわけです。

“不安”もこれと同じ。
口では「愛してる」といいながらも、「けっこういい加減な自分」や「浮気性な自分」がいたりするから、「きっと相手もそうに違いない」と思ってしまうんですね。
その結果“不安”ばかりがふくらんで、今度はやたらと言葉に頼って「安心材料」を集めようとします。

相手に「私のこと愛してる？」と何度も聞いたり、「じゃ、約束して！」と条件をせまったりするのはこういうとき。
こんなことを続けていたら、おそらく相手はあなたの愛をキュウクツに感じて 、ふたりの関係は終わってしまうでしょう。

“不安”を抱くのは当たり前、なんて思っていないで、あなたの基準を変えることが大切です。
“不安”は、しだいに“不信”に発展します。相手も自分も信じられなくなれば、ますます苦しくなるのはあなたです。

今、どのくらい純粋に相手を信じているあなたがいますか？
相手の幸福を、どのくらい一途《いちず》に願っているあなたがいますか？
この答えに、今のあなたの「愛の基準」が表れています。

これからは相手の態度に関係なく、「自分はいつも、毅然《きぜん》として愛の真ん中にいる」って決めてください。
“不安”がわいたら、心にそっと愛をとり戻して、自分の愛を信じることに意識を集中しましょう。「お互いを信用しあう」という関係は、そこから芽生えていくんですよ。

感謝されたいから、
そうしたんじゃない。

あなたの力になりたくて、
ただ喜んでもらいたくて、
一生懸命だったの。

やさしい想像力

「あなたがいてくれて助かった」といわれたら、どんな気がしますか？　嫌な気がするという人は、まずいないと思います。
私たちには「必要とされる自分でありたい」という願望があるので、「人から感謝される」ことはとてもうれしいんです。
もしあなたが、誰からも必要とされずに、「ありがとう」といわれることもなかったら、自分のことを「いてもいなくてもいい人間」のように感じて、やりきれなくなると思います。

「自分が人からされたらうれしいことを人にする」というのが、やさしい生き方の基本。でも、同じような行いをしても、「感謝される」場合と「おせっかいになる」場合があるのはどうしてでしょうか。
それは、相手が「助かった」と感じるか、「うっとうしい」と感じるかの違いです。

せっかく役に立とうとしたのに、「うっとうしい」と思われたら悲しいですよね。ところが、相手がどう感じるかは、そのときの相手の都合ばかりではありません。
役に立とうと思ったあなたが、知らないうちに相手に投げかけたものがあるんです。

では、あなたが相手に「何かしてあげよう」と思ったときの心の中をふり返ってみましょう。
「きっと感謝してくれるだろう」とか、「いい人だと思ってくれるはず」という期待はありませんでしたか？

もしあったら、あなたは“見返り”のために行動したことになります。“見返り”を期待する気持ちが大きければ大きいほど、自分のことで頭がいっぱいになって、相手の都合を無視しがちになります。
その結果、あなたの好意には「押しつけがましさ」が加わってしまうんですね。それだと、相手が「うっとうしい」と感じても仕方がないと思います。

あなたが感謝されるのは、あくまでも相手に「喜ばれた」結果なんです。
これからは、「相手は今、何を一番してほしいんだろう」という想像力を働かせて、それを「ただ、してあげる」ようにしましょう。
わからないときや、迷ったときは、直接相手にたずねればいいと思いますよ。

ワクワクするって、しあわせ！

わたしね、ワクワクのタネを
いっぱい、育てるの。

モ ッ ト ー の チ カ ラ

自分の容姿や能力について、絶望するのはカンタン！　でも、それで自分を嫌いになると、自分の人生まで嫌いになってしまいます。
そこで、「今のままの自分」で楽しく生きられる方法を見つけませんか？

私が実践している方法は、「自分のモットー」を作ることです。
モットーとは、自分を元気づける言葉のこと。その言葉をイメージすると「生きる力」がわいてきて、自分の人生に魅力を感じられるようなものがいいと思います。

私のモットー、“ワクワク＆ピュア”を例にとりましょう。
心地いい響きが「ときめいて、純粋に生きるぞー！」という気持ちを盛り上げてくれます。
私が人生に願うものは「感動」です。だから、いつも感動しやすい自分でいられるように、この言葉を選びました。
どんな状況のときだって「自分のモットー」は投げ出しません。
悲しいときは純粋に悲しんで、具合の悪いときはそのまま苦痛を味わいます。そのあとには、「復活の喜び」という小さな感動が、必ず待っているから。

また、何かをしようとして「気が重い」と感じたり、義務とか義理でするんだから「仕方ない」と思ったときにも “ワクワク＆ピュア”を探します。
「やればこれがわかるかも…」「こんなふうにやってみようかな…」と考え、工夫することで、ずっと楽しく生きていけるからです。

人生を無気力で過ごすことは、数限りなくある感動のチャンスをとりこぼしていくことなので、とてももったいないと思います。
同じことをするにも、不平不満ばかりでしていたら、人生はどんどんつまらなくなっていきます。
逆に、ワクワクすることを増やしていけば、今ある人生に満足して生きられるようになります。さらに、「いつでも大好きな自分」でいられるようになるでしょう。

楽しく生きるヒケツは、「今のままの自分」を上手に使いこなすことです。それを盛大に応援する「自分のモットー」を、ぜひ見つけてくださいね。

あの人、いいなぁ。
あんなふうになりたいなぁ。

どうしたら、
あの人みたいになれるのかしら…

心 の 花 が 咲 く 日

「あの人いいなぁ」「うらやましいなぁ」という気持ちは、ごく自然にわいてくる感情ですが、あなたはどういう人に会うと、本気で「うらやましい！」と思いますか？

強烈に「心の底から、うらやましくてたまらない」という気持ちになるのは、「自分だってそうなるんだ！」という情熱の表れです。
そしてここが重要なんですが、そう感じるのは、あなたにも「その人と同じような“花”を咲かせるチカラがある」ということです。
あなたの中で眠っているチカラが、刺激を受けてムズムズしてくるんですね。
だから、「どうせ私にはできない」なんて絶対に思わないで、その情熱をもっと活かしましょう。

普段あなたは、人の表面だけを見てうらやましがっていませんか？
表面に見える華々しいものや、完成されたものだけではなく、その陰に咲いている“心の花”に目を向けてください。
そこには、「最後まであきらめなかった」「うまくいくと信じて疑わなかった」「初心を貫《つらぬ》き通した」、あるいは「惜しみなく自分のものを与えた」「いつも感謝を忘れなかった」といった、その人の“心の花”が必ず咲いているはず。
それを真似ればいいんです。そうすれば、あなたもきっと“人生の花”を咲かせることができます。

表に咲く“人生の花”と、陰に咲く“心の花”は一体。
だから、“心の花”が咲かずして、“人生の花”が咲くことはないんです。あなたの“人生の花”が咲くときは、必ずあなたの“心の花”も満開になっていると思います。

今あなたの近くに、本気で「うらやましい」と感じさせる人がいたら、それはあなたにとって、絶好のチャンス！　大いにあやかって、切磋琢磨《せっさたくま》してください。

いつの日か、あなたが人生に花を咲かせたら、今度はあなたが“心の花”を見せる番になるんですよ。
そして「うらやましかった」人たちは、自分の中で眠っていたチカラを引き出すきっかけとなってくれた「ありがたい」人たちに、変わることでしょう。

ひとりより、ふたり、
ふたりより、みんなで
しあわせになりたい。

だから、
まずはあなたが、
しあわせでいて。

ひ と り で も し あ わ せ

さみしい、さみしい、さみしい…。
何回いってもさみしさはなくならなくて、「ひとりの時間」が憎らしい。あなたは、そんなときがありますか？
ひとりで過ごす時間が「嫌い」「つまらない」という人は、「ひとりの時間」を「ひとりぼっちの時間」と思ってしまうようです。
無意識のうちに、「私という人間の存在価値を、誰か感じて！」という欲求にかり立てられて、人恋しくなるんですね。

そうなると、自分の心を安定させるのに、いつも他人を当てにするようになります。でも、他人が自分の思うように動いてくれるとは限らないので、空しさと背中合わせの状態です。
そこで、「ひとりの時間」を「ひとりになれる時間」と考えて、あなたの味方にしてしまいましょう！

「ひとりになれる時間」とは、自分をいたわって心身に栄養を与えるリラックスタイムです。“わがままなあなた”のいうことを聞いて、ちょっとした希望をかなえてあげましょう。
例えば、「お茶が飲みたい」と思ったら、いつもよりちょっと手間をかけて、最高においしいお茶をいれてあげます。「もっとキレイでいたい」と思ったら、いつもの何倍もかけて、丁寧に身体のお手入れをします。
普段、乱暴にこき使っている自分だからこそ、心をこめてたっぷり奉仕してあげるんです。

人に依存しないで、あなた自身が積極的に自分と付き合ってあげると、心身はそれに応えて元気になります。そして、その元気が、他の人と過ごすときに今度は「ゆとり」として輝くんですね。
あらかじめ、「ひとりの時間」にしたいことをリストアップしておきませんか。そして、いざ時間ができたら、喜んでかたっぱしからやってみてください。

ちなみに、私の「お気に入りベスト5」は…
◆ 浴槽にアロマオイルをたらして、半身浴
◆ 好きな音楽をボリュームいっぱいにかけて、気ままにダンス
◆ プランターの花々を植え替えるなどの、土いじり
◆ 寝そべって、読書
◆ ひたすら、坐禅《ざぜん》する

怒ったって、
いいことなんて、ひとつもない。

なのに、人から
「怒りっぽいね！」っていわれて、
わたし、また怒ってる…

それぞれの道

自分の意見を否定されたら、どんな気持ちになりますか？　「悲しみ」を通り越して、「怒り」を感じることがありませんか？　ときには、意見だけじゃなくて、自分という存在まで否定されたような気がすることもあるでしょう。

相手に感じた「怒り」が、自分の存在否定にまで発展してしまう理由はどこにあるのでしょうか。
おそらく、あなたの中にある「自分の意見は正しい」という考えが、いつしか「自分は正しい」という考えにすり替わってしまっているせいだと思います。

そうなると、相手をいくら非難しても気持ちは楽になりません。あなたの「怒り」のエネルギーは、相手の「抵抗」のエネルギーを引き出すだけだからです。
相手はあなたの「怒り」を感じれば感じるほど、「あなたは間違っている」と主張するでしょう。

そこで、こんな考え方をしてみませんか。
人の価値観は、人それぞれ。ということは、その人によって「正しい」と思うこともそれぞれです。だから、「相手が何を信じてもいい自由」を、あなたが完全に認めてあげるんです。そうすれば、あなた自身が怒りにとらわれない生き方に近づくことができます。

まわりの環境や人生経験が違うほど、価値観は異なってきます。
「違うのが当然」という心づもりで、人の考えを聞いたり自分の意見を伝えていけば、腹も立ちにくくなると思います。
それでも「どうしても腑《ふ》に落ちない」というときもあるでしょう。
そんなときは、その人を反面教師にして、嫌なことは「体験し終わったら切り捨てる」と割り切って進みましょう。

価値観の違う人たちが集まって、社会は成り立っています。
問題は、だれが正しいかではなく、あなたがだれの意見に賛同して生きていくかということです。
最終的に自分の価値を決めるのは、いつだって自分自身でしかありません。あくまでも自分が「正しいと信じる道」を、自分が「一番ステキだと思う方法」で生きてください。

「好きな人ができたら、
いっぱい、してあげたいことがあるの」

「してもらいたいことじゃなくて？」

「ううん、してあげたいこと」

本当に愛しているのは誰？

「私は嫉妬深くて、自分でも嫌になります。どうしたらいいでしょうか？」と質問してきた女性に、「あなたは、なぜ嫉妬すると思いますか？」と聞いてみました。
すると、「彼を愛しているから」という答えが返ってきました。
はたして、これは正解でしょうか。

一般に「嫉妬」をするのは「自分に自信がない」からです。「自分の“愛に”自信がない」からといった方が適切かもしれません。
「自分は誰よりも愛されている」「相手をひとり占めしている」と思いたくても、自信がないために不安ばかりが募ってきます。
するとたちまち、自分をおびやかしそうなものに嫉妬をしはじめます。また、自分がさみしい思いや、かわいそうな思いをするのが嫌だから、相手の事情はそっちのけで、すねたり、問い正したりして、なんとか不安から脱して楽になろうとします。

その様子がどんなに情熱的に見えたとしても、そこにあるのは「愛」ではありません。相手を独占したいという「自分の欲望」だけです。
結局、嫉妬深い人が愛しているのは、「相手」じゃなくて「自分自身」なんですね。

問題は、「嫉妬がいいか、悪いか」ではなく、そこに「愛があるか、ないか」ということ。

「心から人を愛したい」と思うのならば、わき起こる嫉妬にとり合わないで、ひたすら「愛の人」でいる強さを身につけましょう。
あなたのひとつひとつの言動が、「愛」からはじまっているかどうかを念入りにチェックしてください。「愛」を貫《つらぬ》くことに無我夢中になったら、その他の雑多な感情が入りこむ余地はなくなります。
それをして初めて、あなたは自分の愛に「本当に自信を持つ」ことができるようになると思います。

あなたは今、相手に与えてもらうことばかり考えていませんか？
愛は、あなたから与えることです。
あなたは今、相手の自由を奪うことばかりしていませんか？
愛は、あなたから自由にしてあげることです。
あなたは今、相手を疑って余分な心配をしていませんか？
愛は、あなたから信頼することです。

「大きくなったら、なんになる？」

「うーん、いちばんなりたいもの！」

夢のはじまり

20代の女性から、「自分の夢が何かわからない」という相談をよく受けます。
「夢」というと、特別なことのように思って構えてしまうかもしれませんが、難しく考えることはありません。
最初は「こういうふうになりたいな」「こんなことできたらいいな」くらい漠然《ばくぜん》としていていいんです。それを大事にしていけば、しだいに形になっていきますから。
「そんな簡単にいわれても…」と思うかもしれませんが、夢を頭で考えようとしないで。頭は「どうせムリ」「それじゃ、食べていけない」と夢をつぶして、「合理的で都合のいいこと」をさせようとするからです。

あなたは何をしているときが一番ワクワクしますか？　あるいはしあわせですか？　それを、素直に自分の心に聞いてみましょう。
「服装を考えているとき」「動物とふれ合っているとき」「子どもの笑顔を見ているとき」…。浮かんだものの中に、「夢」につながるキーワードがきっと隠されています。

出番を待っているあなたの「望み」や「願い」を、あきらめないで見つけてください。
例えば、「服装を考えているとき」が一番ハッピーなら、ショップの店員、デザイナー、ファッション誌のライター、モデル、服飾評論家、スタイリスト等々、服に関連する職業をどんどんあげて、「自分がやりたいことで、すぐ準備にとりかかれること」を選んで実行します。

「そんな夢ばかり追いかけていられない」と思ったあなた、それは時間がないから？　面倒だから？　もう若くないから？
そこにあがった理由は全部、一歩を踏み出せなくて悩んでいるあなたのいいわけ…。

あなたが悩んでいること自体が、すでに「夢を追いかけて生きたい」という自分が走り出している証拠だと思いませんか？
あなたが動き出した時点で、夢ははじまります。プロセスだって夢のうちなんですよ。
もしかしたら、人生そのものが「先のわからない一度きりの夢」かもしれません。
だったら思いきり、そこにあなたの夢を描いてみませんか。

「もうダメだ。もういいや」っていうと、
どんどん勇気がしぼんでいくけど、

「まだ大丈夫。きっといける」っていうと、
どんどん元気がわいてくる。

言葉のエネルギー

昨今「言葉の持つエネルギー」についての研究がとても盛んですが、日本では昔から、言葉には不思議な力があると考えられてきました。それを人々は「言霊《ことだま》」と呼び、「そんなことばかりいってると、本当にそうなるから」といって、言葉に宿る力が「現実を引き寄せる」と信じていたのです。

私も「言葉の持つエネルギー」を確信しているひとりです。
ネガティブな気持ちのときに、自然とマイナスの言葉が出てくるのは、「言葉」の正体が、「あなたに宿るエネルギー」だからです。いい換えれば、あなたに充満しているエネルギーが、言葉に変換されて放たれているのです。

だったら、「プラスの言葉を口にしていれば、あなた自身に充満するエネルギーもポジティブになっていく」とは考えられませんか。
「言葉」と「あなたに宿るエネルギー」は、互いに作用しあう関係にあります。もちろん、悪いことに限らず、いいことにも同じように作用しあいます。
だから、あなたが「なりたい自分」を積極的に言葉で表していけば、人生は今より明るく軽快になっていきますが、逆に非難や憎悪、恐怖を表現する言葉を多く使えば、つらいことや苦しいことがあとを絶たないでしょう。

これからはマイナスの言葉が出そうになったら、それを肯定的な言葉にいい換えて、エネルギーの働く方向をかたっぱしから変えてしまいましょう。

その方法としては「アファメーション」が効果的です。
「アファメーション」とは、「ネガティブな思いこみを手放すために、すべてを肯定的な言葉にして声高らかに宣言する」というものです。
「失敗するのがこわい」と思ったときは、「私は今、最大の勇気を発揮する」とか「私は自分からチャンスを奪わない」と宣言し、「私はどうせダメだ」と思ったときは、「私はもう、自分のことを決めつけない」とか「私はどんなときも、決して私自身を見捨てない」と宣言します。

自分の好きな「アファメーション」を作って続けていけば、しだいに変化が起こります。宣言した方向へ、あなた自身が確実に変わっていくでしょう。

いま、わたしが見ている景色は、
知らないうちに、
昔、心のキャンバスに描いたもの。

今日からわたし、
見たい景色だけを、
キャンバスいっぱいに描くんだ！

ふたりのわたし

私たちは、なにかにつけていろんな感情を抱きます。
それがあなたにとって不快なものだったら、快適な気分を生み出せるよう、ちょっと練習してみませんか？
例えば、とっさに「面倒くさい」という感情がわくのは自然なこと。でも、そのあとに抱く感情は、その人の性格や、場合によって変わってきますよね。
ある人は、「面倒くさいことはやめよう」とよそを向くでしょう。ある人は「面倒くさいけどがんばってやろう」と自分を励ますでしょう。中には、「どうして面倒くさいって思うのか」と自分を責める人もいるかもしれません。
このような違いが出るのは、「展開する感情」が意思の力でコントロールできるからです。

ここに、典型《てんけい》的なふたりのあなたがいます。ひとりは“自分を攻撃するあなた”、もうひとりは“自分に味方するあなた”です。どちらがあなたの心を支配するかによって、そのときの感情が決まります。

では、陰で悪口をいわれていると知って「イヤだ！」と思ったとき、あなたの心はどちらに傾くでしょうか。

“自分を攻撃するあなた”は、「だから気をつけろっていったのに」「これでますますやりにくくなる」というでしょう。それが増大すれば、落ちこむか相手を恨むようになります。
“自分に味方するあなた”は、「そういうところがあるかもしれないって気がつけた」「陰口をやりすごす練習ができる」と考え、前向きに解決方法を見つけ出そうとするでしょう。

あなたの中には全部の感情があります。
でも、これまでの習慣で“自分を攻撃するあなた”が強く現れて、落ち込むことが多いんですね。その理由は、最初に「どうしよう」「どうなるんだろう」という不安や恐怖がやってきて、そのまま、それらに心を支配されてしまうからです。

少しでも伸びやかに暮らしたいと思うのなら、意図して快適な感情を引き出しましょう。
手っ取り早いのは、“自分を攻撃するあなた”を徹底的にシカトして、“自分に味方するあなた”と対話していくこと。自分の感情ですから「自由にならない」という考えは捨ててください。そして、もっと自分のいいところに注目して、それを伸ばしていってくださいね。

あのときわたしに
「ありがとう」
っていってくれて、ありがとう！

ありがとうって不思議な言葉だね。
しあわせが音になって、
生まれた言葉みたい。

ありがとうの名人

「ありがとう！」を伝える名人になりましょう。
誰かに親切にしてもらったら、お礼をいう。それは当たり前の話ですが、普段あなたは、どのくらい丁寧に感謝の気持ちを表していますか？　ときには社交辞令だったり、「恩知らず」と思われないためだったりすることがあるかもしれません。

でもね、あなたが「ありがとう」を伝えられるときは、“貢献《こうけん》”のチャンスなんですよ。あなたの態度によって、助けてくれた人をものすごくしあわせにできるからです。

私たちは、ともすれば「人にあげられるものを多くを持っている側が偉くて、受けとっている側は弱者」と思いがちですが、決してそうではありません。
あげられるものは、年齢や状況によってどんどん変わります。
だけど、年齢や状況にいっさい左右されないで、いつでもたっぷり人にあげられるものがあるんです。

それは、「感謝の心」。
あなたが心をこめてお礼をいえば、「いてくれて本当にありがたい人！」と相手の存在をたたえることができます。
また、あなたがめいっぱいうれしさを表せば、「こんなに私をしあわせにしてすごい！」と相手の親切をほめることができます。
人間は「自分の存在を認められる」と安らぎ、「人の役に立てる」と喜びを得られる生きものです。
だから、ひたむきな感謝を捧げることは、とっても大きな“貢献”になると思います。

何年か前に、「人に感謝するのがこわい」という人の相談を受けたことがあります。その人は、「懸命に感謝を捧げたつもりなのに、喜んでもらえなくてひどく傷ついた」と訴えました。相手の態度がよほどショックだったようです。
でも、詳しく聞いていくうちに、「それまでの自分の非を帳消しにしてもらおうとして」捧げた感謝だったことがわかりました。

この人から学ぶべきことは、感謝は愛と同じように、ただ捧げるもの。「あげっぱなし」が原則ということです。
それだからこそ、“貢献”になるのです。

「いまするのがちょうどいい」
って思ったことは、
きっと、いましかできないこと。

「別に、いまじゃなくたっていい」
って思ったことは、
ムリしないで、やめちゃえば？

ときの番人

もしあなたが、休日の朝にこう思うことがあったら…
「今日は掃除も洗濯もしなくちゃいけない。買い物にも行きたいけど時間がない…」
一度、考えてみてください。
どうして自分は「今日は掃除と洗濯をしてから、買い物に行こう」とは思わないんだろうって。

もしかしたら、あなたは「時間がない」と思いながら何かをすることに、すっかり慣れていませんか？　年がら年中「時間がない」と思っていると、本当に時間がなくなっていきます。その上、あれもこれも「しなくちゃいけない」と焦《あせ》れば、ホッとする暇《いとま》もありません。

私も長年、そんな生活をしていました。
まるで自分が“ときの番人”になったみたいに細かくスケジュールを立て、「忙しい、時間がない」といいながら暮らしていたのです。
ある日、張りつめていた緊張の糸が切れたのか突然体調をくずし、２週間の入院を余儀《よぎ》なくされました。
ベッドに横たわっていると、時間がそれまでとは「別の単位」で流れていることに気がつきました。それはとても心地よく、そのとき私は「自分が気持ちのいいペースで、落ち着いて暮らしたい。時間に支配されて雑に生きるのは、もうやめよう」と誓ったのです。
実生活に戻って、「心をこめてやれる分だけ」といい聞かせて時間を使うようになった途端、ある発見がありました。

そもそも時間は、あってないようなものだったのです。
便宜《べんぎ》上、１日は24時間、１時間は60分と決められていますが、同じ１時間が「長い」か「短い」かは、人によって違いますよね。それは、個人が時間の観念を作り出しているからです。
ようは、時間は「ある」と思えばちょうどよくあるし、「ない」と思えば足りなくなるもの。

そこで私は、いつも「時間は充分ある」と思うことにしました。
すると、不思議なことに、必要な時間をピッタリと生み出せるようになりました。
あなたの時間の観念を変えましょう。一回一回、快適に時間を使い切っていくんです。
「いつも私には、やりたいことを気持ちよくできるだけの時間が充分にある」と思って。

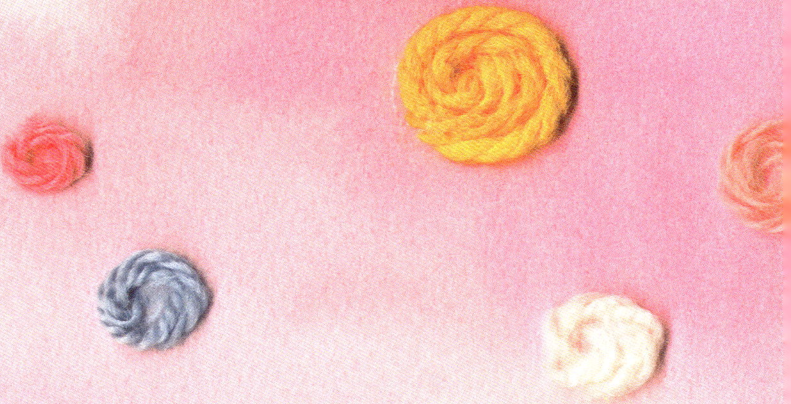

ぐっすり眠った。
おいしく食べた。
あー、満足！

そんな“ふつう”が、
たまらなく、しあわせ。

ベストの選択

人生は、選択の連続です。
「何を着るか」「何を食べるか」というちょっとしたものから、「誰と生きるか」「どういう仕事につくか」という大きなものまで、あなたは無数の選択をしながら生活しています。
そのいくつかがパターン化されて「あなたらしさ」を作り出し、それが固まって「あなたの生きざま」になっています。
あなたには、「あのとき、あっちを選べばよかった…」と痛切《つうせつ》に思っていることがありますか？　そうやって後悔するのは、たいてい「自分が本当に望んでいなかった」ほうを選択したときです。

あなたが「自分の本当の気持ち」をおさえて、違うほうを選んだ理由を思い出してみてください。
「宣伝がすごかった」「逆らえない命令だった」といった外からの圧力や、「面倒くさかった」「カッコつけたかった」といった自分の欲求など、理由はたくさんあるでしょう。
でもひとついえるのは、たとえどんな事情があったとしても、最後に「ソレ」を選んだのは、やはり「あなた自身」だということです。
そこで、そのときの心の背景にあるものを、さらに深く見ていきましょう。すると「５つの後悔の元」が浮かびあがってきます。

「世間体《せけんてい》、見栄、意地、かけ引き、損得勘定《そんとくかんじょう》」
このいずれかに心が支配された状態で選択をすると、結果がうまくいかなかった場合、後悔の念におそわれるんですね。
いい換えれば「５つの後悔の元」と正反対のことを心がけるならば、「ベストの選択」ができるということです。

「世間体」を気にしない、正直なあなた。
「見栄」をはらない、等身大のあなた。
「意地」をはらない、素直なあなた。
「かけ引き」をしない、まっすぐなあなた。
「損得勘定」を度外視《どがいし》する、誠実なあなた。

ずらりと、気持ちのいいあなたが並んでいると思いませんか？
「自分の本当の気持ち」とは、「本当に望む自分のあり方」なんです。
迷うことがあったら、「自分の本当の気持ちは、いまどこ？」と問いかけてみてください。
そうすれば、結果さえも変わってくると思いますよ。

あなたのこと、
もうひとつわかったよ。

また、すこし、
あなたに近づけて、うれしい。

ずっと一緒にいたいから

「付き合いはじめた当初は惹《ひ》かれていたところが、時間が経つにつれて鼻についてきた」という話をよく耳にします。
「自分に“ない”ものを持っている」から惹かれたはずが、「自分と違いすぎるからイヤ」に変わってしまうようです。

それを「性格の不一致」や「価値観の相違《そうい》」という言葉で片付けるのは簡単ですが、そういう人は、「何もかも自分と一緒」を望んでいるのでしょうか。それとも、「何でも自分に合わせてくれる」という人がいいんでしょうか。

私は、別々の環境で生活してきたふたりが、価値観をすり合わせながら「より幸福な新しい環境」を作り上げていくことが「付き合う」ということの醍醐味《だいごみ》だと思います。
価値観の違う相手に触れるから、あなたの世界は広がり、お互いの相違点に折り合いをつけようと苦心するから、あなたは成長していくことができるんですね。

「違いすぎる」からといって、悲しんだり、ぼやいたりする必要はまったくありません。むしろ、その違いを徹底的におもしろがってみましょう。
もしも相手が、あなたに「自分とまるで違う！」という感覚を持ったとして、そのことで一方的に非難されたり拒絶されたら、相手のことを自己チュウな冷たい人だと思いませんか？
逆に、相手から「おもしろい！」とか「興味がわいてきた」といわれたら、あなたはうれしくなって熱心に自分のことを伝えませんか？

ふたりがうまくいくヒケツは、お互いがお互いのことに「いつも興味津々《しんしん》」でいること。
自分と相手が違う理由を、どうしても知りたいと思う好奇心を持ち続けることが大事なんです。
そしてその都度《つど》「なるほどね。だから違うのか」と納得できたら、それが“理解”へとつながっていきます。

“理解”とは、相手の言動の「正否を問う」ことでも、「賛同する」ことでもありません。
あなたが最大の関心を持って、相手を受け入れ、ふたりの違いを共有していくことなのです。

あの人って、
すごーくスキなところと
すごーくイヤなところがある。

それって、たぶん、
あの人のなかに、
自分を見ているから。

いらない気持ち

私のもとには毎日のように相談メールが届きますが、中でも働く女性に多い悩みは、「ある特定の人物が苦手で、その人にいつもイライラさせられる。どう対処したらいいのか」というものです。

あなたの周りにも、あなたを悩ませる人がいますか？
何を言われても平気な顔で笑い飛ばせたら、どんなに楽かって思うでしょうね。
特定の人が気になってイライラするのは、ちょうどラジオの周波数を合わせるように、ちょっとしたことも聞きもらすまいとして「その人」にチューニングしている状態です。
バカバカしいと思いながらも、あなたの神経は鋭敏になって、「その人」の一部始終をリサーチしているんですよ。

イライラするのは、いわれた中身か、いった相手に対して“余分な執着”があるためです。
“余分な”というのは、この場合「ないほうがいい」という意味。自分が「そういわれたくない」とか「こう思われたい」という執着を持っていると、逆《さか》なでされた場合にイライラして、相手に苦手意識を抱くようになるんです。

そういうとき、多くの人がイライラ「する」じゃなくて、イライラ「させられる」という表現を使います。これは、自分を「被害者」だと決めつけているためです。

「あの人のせいで、こんな気分にさせられた」と思っているとき、自分は「被害者」におさまって、相手を「加害者＝悪者」に仕立てあげます。
すると知らず知らず、「相手を変えさせたい」とか「相手に思い知らせてやりたい」という気分になって、自分が“余分な執着”を持っているからイライラしていることに、ちっとも気がつきません。
これでは関係がこじれるばかりです。

肝心なことは、あなたが“余分な執着”を捨てることなのです。
最初に、そこには「被害者」も「加害者」もいないことをしっかり自覚してください。
次に、“余分な執着”を思い浮かべ、「必要ない」と命じて葬《ほうむ》ります。
これを心の作業として続けていけば、相手のことは自然と気にならなくなるでしょう。

恋をしてはじめて、
「胸がキュンとなる」って、
どんな感じかわかった。

自分勝手に想像してたのと、
すごくちがってた。

原石が光るとき

アレコレ考えているうちはわからなかったけど、やってみたら意外と簡単だったとか、逆にもっと大変だった、ということはしょっちゅうありますよね。
それでも、過去のデータを分析し、頭の中でシミュレーションしないと気がすまないというのが現代人かもしれません。

シミュレーションに熱中すると、「知識や情報」を頭につめこむことにやっきになりがち。そのせいで体験する前からすっかりわかったような気になって、気がついたら頭でっかちの理屈人間になってた…なんて、誰だって嫌ですよね。

旅行ひとつとってもそう。
あなたは綿密《めんみつ》に下調べをして、ビッシリ計画を立ててから行動するほうですか？
それとも「なんとなく、ここがおもしろそう！」という“直感”にしたがって行動するほうですか？
私たちは、あまりに「知識や情報」に頼りすぎて、なんでもそれだけで判断しがちですが、そもそも人生は予想通りにはいかないもの。だからこそ、体験する価値があるんです。

私は、シミュレーションして生きるよりも、“直感”を大事にして生きるほうがずっと楽しいと思っています。もちろん、最低限の「知識や情報」は必要だけど、“直感”はそれらを超えてサポートしてくれるから。
そういうと、「直感ってよくわからない」「信じられるものなんですか？」という人が必ずいますが、はじめはみんな、そう思うものなんですよ。

“直感”の正体は、あなたの「深い知恵」。それは、いっさいの思考を介《かい》さないで、インスピレーションという形でやってきます。希望や欲望と違って、心が静まった瞬間におとずれるものです。

よく「直感を磨こう」っていうでしょう？　これは、「直感はあなたを光らせる原石だから、磨いて光らせよ」という意味です。
“直感”を磨くには、その存在を信じることです。
何かひらめいたら、そこに理性を持ちこまないで、そのひらめきにしたがってどんどん動いてみましょう。
きっと、人生という未知の旅を行くあなたを、一番近くで支えてくれる頼もしい「羅針盤」になると思いますよ。

人に認めてもらえない
わたしよりも、

自分に認めてもらえない
わたしのほうが、

ずっと、かわいそう…

生きる意味

ネット・カウンセリングをはじめて12年になりますが、ここ数年「自分の存在価値を見出せなくて苦しい」という悩みが多く寄せられるようになりました。
あなたも一度は、「自分は何のために生まれてきたのか」「自分は生きている価値のある人間だろうか」と考えたことがあると思います。

「人間の存在価値」をひと言でいうなら、「体験を積み重ねていること」にあると思います。
生きているからこそ感じる痛みや快感、また喜怒哀楽といった心の変化を、くり返しくり返し体験する存在が人間なんです。まさに、あなたそのもの。

あなたがどう生きるかによって体験する内容は変わってきますが、そこにはもともと「これをしなければならない」という条件はいっさいありません。
なぜなら、「無数の体験を積み重ねていくこと」自体が、“あなたの魂”を進化させていくからです。

“あなたの魂”とは、生まれた目的を承知している“本来の自分”のこと。そのあなたがひたむきに生きれば、自《おの》ずから体験が深まって、あなたも周りも成長していきます。
もちろん、傷ついて落ちこむこともあるでしょう。しかし“あなたの魂”は、「傷つかないこと」ではなく、「傷ついた体験から学び、それを修復して前に進むこと」を目的にしています。だから、延々と落ちこんでいることはできないんですね。

いい方を変えれば、あなたはどんなことがあっても立ち直るようにできています。少しでも軽やかに生きようと命を燃やし、そこに幸福を感じるようになっているのです。

もしあなたが、「自分はこうあるべき。今のままじゃいけない」と悩み、悶々《もんもん》としながら生きているとしたら、不必要な条件を課して、自分をいたぶるのはもうやめましょう。
あなたがどういう状態にあろうと、あなたはあなたです。あなたは今まさに、あなたの人生を幸福に向かって生きています。
目の前にある出来事を味わい尽くしてください。それが人生を受け入れ、自分の存在価値を実感できる、最短の方法なんです。

LT
EPPER

「今度はできる！」

そう信じるから、がんばれる。

人生に失敗はない

「失敗」という言葉は、「喪失」「敗北」などの文字が組み合わさっているせいでしょうか？
「失敗するのがこわくてできない」とか「失敗して立ち直れない」とか、とにかく暗いイメージがついてまわりますよね。
もういっそのこと、あなたの辞書から「失敗」という文字をなくしてしまいませんか。

私は、人生に「失敗なんてものはない」と思っています。
しいていうならば、あなたが「失敗した」と思いこんで、自分にマイナスの烙印《らくいん》を押してしまうことが、唯一の失敗だと思います。
実際、人生にあるのは、そのときのあなたに必要な「体験と発見」だけです。しかもすべて、「成功するための前段階」なんです。

例えば仕事、人間関係、恋人選びなどで、あなたが「失敗した」と思うことがあったとします。
（1）それは、誰もが味わう「うまくいかなかった」体験です。
（2）そこで、その体験を反省して改善すべき箇所を発見しました。
（3）改善に努めた結果、次は成功と満足を手に入れました。
（4）時間が経つにつれて（3）だけではもの足りなくなりました。

さらに工夫を重ねるか、まったく新しいことに挑んで、経験を深めていきます。

これが私たちの人生です。
生まれてからずっと、この工程をくり返して生きています。
もし、「失敗した」とへこたれて（1）の段階でうしろ向きになれば、先へ進めなくなります。
場合によっては、何をしてもうまくいかない状態が続くかもしれません。これがいわゆる、スランプと呼ばれるもの。
そんなときはじっと動かないで、（2）の段階をクリアできる気力を充分に蓄《たくわ》えましょう。このとき、スランプでさえも成功へのプロセスと考えることが大切です。

これができると、あなたの人生から「失敗」がなくなります。
アクションを起こす前から不安を抱えることもなくなって、どんどん前へ進むことができるでしょう。
「人生にはどんなプロセスも必要」と思えれば、あなたは必ず幸運の波に乗れますよ。

ずっと苦しかったけど、
とうとう乗りこえたよ！

ジワーッと喜びがこみあげてきて、
「生きてる！」って気がする。

わたしを生きる

小さな頃、私は親の期待に応えようと必死でした。
「怒られないように」「褒《ほ》められるように」と気をつかいながら、親のすすめる道を生きていたのです。

思春期になって、「誰のための人生なのか」「本当にしたいことは何か」とアレコレ考えるようになったものの、親の敷いたレールから外れることはできませんでした。そんな自分を、「親のためにガマンするいい子」と心の中で美化していたのです。

成人するといら立ちはじめ、「どうせ自由に生きられないとあきらめていたら、必ず後悔する」と思うようになりました。
友人に不満を打ち明けると、「勇気がないからだね」といわれました。
そのひと言がショックで、真剣にこれまでの自分をふり返ってみたのです。どの場面にも、「親が邪魔をする」という被害妄想にかられ、すべての不満を親のせいにして逃げている自分がいました。

私はそこでようやく「自分は変われない」のではなく、「こわくて変わろうとしていなかっただけ」だということに気づいたんです。
すると、「間違えたらタイヘン！」と思っていた心に、「間違えたらまたやり直せばいい」という思いがわいてきました。これが、私の自立のはじまりです。

自立とは、「自分の責任で自分を育てる」ことです。
だから、自分の決めた道を進む際、親を説得するのに必要なものは意思だけではありません。
思うような結果にならなくても「いっさい人のせいにしない」という心構えを持つことも必要です。それがきちんと伝われば、きっと親はあなたを応援してくれると思います。

あなたがつらいとき、何かのせいにできないことは非常に苦しいかもしれません。だけど、その苦しみを乗り越えて「自分の人生」を切り開いていくから、思いがけない喜びにも出会えるのです。
そのとき、きっと自分をとても愛《いと》おしく感じるでしょう。
すると、自分を存在させてくれたすべてのものに、感謝の気持ちがあふれてきます。
あなたの命を誕生させてくれた両親へ、まっ先に「ありがとう」っていいたくなりますよ。

気になる、気になる。

この向こうには、
いったいなにがあるのかな？

じっとしていられないから、
わたし、行ってみる！

ココロのサイン

「現状に不満があるわけじゃないのに、なんとなく毎日がパッとしない…」そう感じたことはありませんか？
実はこれ、あなたの“心”が「次のステップにうつるとき」というメッセージを発信しているんですよ。
この場合、“頭”は「不満はない」と判断していますが、“心”は「パッとしない」と伝えることで、「新しい自分を見つけなきゃ」と呼びかけているんです。

人間は、「安定」と「刺激」を同時に求める性質があります。
「安定」が続くと「刺激」がほしくなるのは、私たちには「停滞を避けて、変化し続けようとする」本能があるせいかもしれません。
でも、安定した生活を変えようとすると、それなりの覚悟がいるんですね。なぜなら、安定の背後には、行動パターンが決まって人間関係が馴《な》れ合いになっているという「ぬるま湯の心地よさ」があるからです。

しかし、いったん刺激を求めはじめると、“心”は次のステップへのスイッチが入っているので、「面倒だからやめておこう」と“頭”が持ちかけても容易にとめられません。

“心”は、安定とは名ばかりの「マンネリ」が、楽しい人生には不要なことを知っているのです。
もっといえば、例えあなたが嫌がったとしても、あなたの本能がいつかは「なんらかの変化」を引き寄せてしまうことを知っているのかもしれません。

いっそのこと、「いつでも変化を受け入れて、それを楽しんで生きる」と決めませんか？
すると、「こんなはずじゃなかった」という後悔にさいなまれたり、出来事にふり回されて、あたふたすることがなくなります。

不思議なことに、「変化が普通」になると、柔軟《じゅうなん》な心は「変わるのが当たり前」になって、そこに安定するんですね。
すると、日頃から臨機応変《りんきおうへん》に行動するようになって、新鮮な喜びに出会えるようになると思います。

こうやって、自分を「変化」させていくことは、とてもやりがいのあるおもしろいこと。だってそれは、どんどん自分を磨いて「進化」させていくことだから。

どうしちゃったの？

そっか、かなしいんだ…

じゃ、かなしくなくなるまで、
ここにいるね。

ハードルの向こう側

大切な人に裏切られた…。夢がくだけ散った…。
私たちは生きている間に、胸が張りさけそうなつらい思いをたびたび味わいます。
それ以外のことは考えられなくて、食事もろくにのどを通らない…。
私にもそんなことが何度かありました。
でも、こうして生きています。そして今、あなたにどうしても伝えたいことがあります。
それは、「つらい思いをしない人生はない」ということ。もっといえば、「つらい出来事にぶち当たらない人生はつまらない」ということです。

これは「そう思わないとやっていけないから」といった 「強がり」や「なぐさめ」でいうのではありません。「人生の苦境にあっても、最後まで希望を捨てなかった」という経験こそが、人間を大きく、また心豊かにするという実感があるからです。

あなたが今より「大きく」なれば、ビクビクしなくなります。それが「動じない心」。
あなたが今より「心豊かに」なれば、もっと人の心の痛みがわかるようになります。それが「慈《いつく》しみ深さ」。
幾度となくぶち当たる人生のハードルは、あなたにそういった「人間としての厚み」を備えさせてくれる貴重な体験なんです。
それらを少しでも早く身につけて、その後の人生を有意義に生きたいと思いませんか？

とはいっても、ハードルにぶち当たれば、「打ちのめされた自分」ばかりにどうしても目がいって、そこに秘められた「意味」を見い出せなくなるかもしれませんね。
でも、覚えておいてください。
人生には初めから、「無意味なハードル」なんてありません。あなたが大きく、心豊かに成長するのに必要だから、そのタイミングでそこに現れているのです。
また、「飛び越えられないハードル」もありません。「ダメだ。飛べない」と思うかもしれないけど、あなたが必死になったら、ちゃんとギリギリで飛び越えられるようになっています。
飛び越えたハードルの先には、あなただけが知り得る「新しいあなた」が待っています。
胸おどる対面を信じて、さぁ深呼吸して乗り越えましょう。

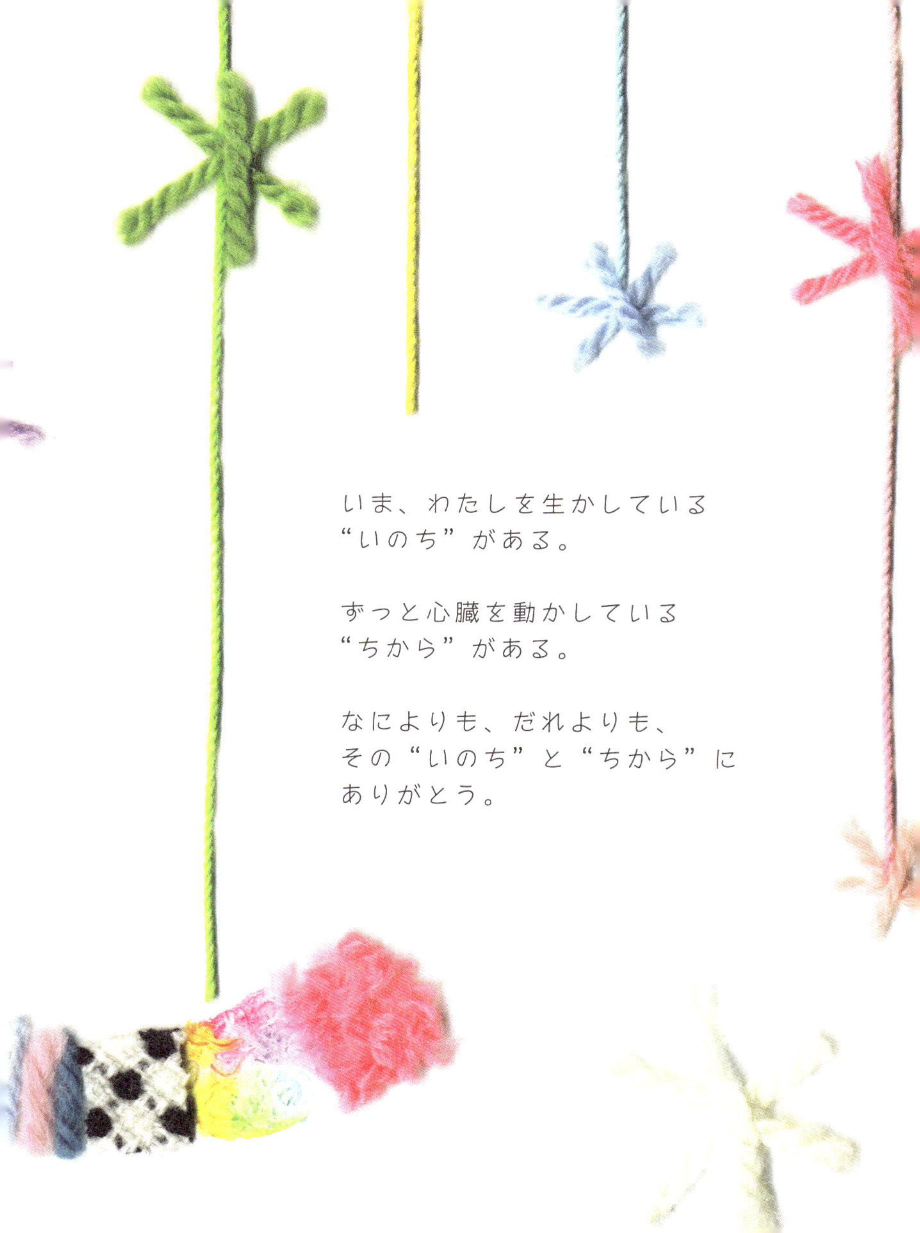

いま、わたしを生かしている
“いのち”がある。

ずっと心臓を動かしている
“ちから”がある。

なによりも、だれよりも、
その“いのち”と“ちから”に
ありがとう。

あなたはあなたのままでいい

私は、ショップのマネージャーや従業員たちに向けて講演をすることがあります。

最初に話すのは、「陳列《ちんれつ》商品の前に、“あなた”が商品ですよ！」ということです。お客さんは、店内にいる“あなた”が気に入らなければ、さっさと店を出てしまいます。逆に好感を抱けば、リピーターになる可能性も高くなるでしょう。

このことから私が言いたいのは、ショップにいるひとりひとりが、舞台の「脇役」ではなく「主役」だということです。そういう意識で動くとき、人はものすごい力を発揮するんですね。これは何もショップに限った話ではありません。

今あなたが、自分のことを「とるに足らない存在」と感じていても、どんなに「地味な存在」と思っていても、人生の主役は“あなた”なんです。

周りを取り囲んでいるモノはみな、あなたの人生の引き立て役にすぎません。友だちも、美しい風景も、華やかな芸能界も、あなたの人生に花を添《そ》える役割なんですね。

では、この視点から周りを眺めてみましょう。
主役のあなたの生き方によって、周りのモノは適切に動かされています。あなたが人生で体験しようとすることの原因になったり、ときには結果になったりして、あなたの前に現れています。
「こう生きたい」というあなたの潜在意識と見事に響き合って、すべての人や環境が役割を果たしているのです。

その意味で、宇宙は完璧です。あなたもまた、完璧です。
たとえあなたが絶望しても…
小さなことでクヨクヨ悩んでも…
誰かを心から愛しても…
誰かの役に立ちたいと奮《ふる》いたっても…

あなたはいつも世界の中心でそれを感じ、あなたが放つバイブレーションに周りは同調しています。だから、あなたの「どう生きるか」という意思は、何よりも重要なんです。だってあなたが主役で、すべてはあなたとつながった存在なのだから。
これからつくられる人生を、どうか「最高のあなた」で生きてください。

あ　と　が　き

「ありのままの自分」を、
やさしく受けとめてあげてください。
傷ついて落ちこむことがあったら、
自分の全部を、そっと抱きしめてあげてください。

人から受ける愛情は、
なかなか自分の思い通りにはなりません。
だけど、どんなときも、
あなたを惜《お》しみなく愛してくれる人がいます。

それは、あなた自身。

「ありのままの自分」が愛されるというしあわせは、
自分で自由に生み出すことができるんです。

あなたがしあわせに生きていくために必要なものは、
すべて、今のあなたの中にあります。
それをいつも、忘れないでね！

宇佐美 百合子

『バンザイ』 絵と文／松本えつを

バンザイは、しあわせを呼ぶアイコトバ

「うれしいこと」と「しあわせ」は同じでも、「かなしいこと」と「ふしあわせ」は違うモノ…。女の子なら誰もが共感する「バンザイ！」な瞬間に、可愛いイラストを添えたハートフル絵本。

ISBN4-921132-64-X　定価／945円（税込）

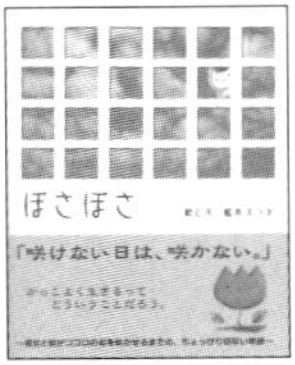

『ぼさぼさ』 絵と文／松本えつを

咲けない日は、咲かないでください

彼と彼女が「ココロの花」を咲かせるまでの、ちょっぴり切ない物語。ココロを解放するとともに、「本当にかっこよく生きる」のに、いちばん大切なことは何かを教えてくれる「脱力絵本」第2弾。

ISBN4-921132-17-8　定価／1260円（税込）

『しゃらしゃらDays』 絵と文／松本えつを

君は、どんな音をたてながら過ごしてる？

自由ってなんだろう…。しあわせってなんだろう…。不思議なネコ「ちこら」が、楽しくいきるためのテク「脱・肩力」を伝授。読むと肩のチカラがすうっと抜ける、「脱力絵本」第1弾。

ISBN4-921132-14-3　定価／1260円（税込）

『あしたもまた手をつないでね。』 監修／SANCTUARY BOOKS

この想いが、あなたに届きますように－

恋をする、すべての女の子に贈る「小さな恋の物語」と「27通のメッセージレター」。今の恋をもっともっとシアワセなものにするために、小さな頃の素直な気持ちを思い出してみませんか？

ISBN4-86113-003-4　定価／1155円（税込）

『Dear Girl』 監修／SANCTUARY BOOKS

ひとりで、しっかり泣けますか？

女優、歌手、作家、スポーツ選手etc…の言葉をヒントに「なりたい私」を見つける本。もしあなたが自分のことを「大勢の中のひとり」だと思っているなら、ぜひ読んでみてください。

ISBN4-921132-19-4　定価／1029円（税込）

『Dictionary』 著／山﨑拓巳・長友清

明日の私を笑顔にしてくれる辞書

「仲間」「お金」「仕事」など、私たちが何気なく使っている1000の言葉に、まったく新しい価値観を吹き込んだ新感覚の辞書。気になる言葉を調べていくうちに、心のワクワクが加速します。

ISBN4-921132-65-8　定価／1365円（税込）

『魔法のドリル』 絵と文／山﨑拓巳

書き始めたら止まらない、自分探しと49の魔法

49の設問に答えていくうちに、だんだん「本当の自分」が見えてくる、不思議な不思議な「大人のための」ドリル。読み終わると同時に、スムーズに目標達成できる魔法があなたのものに。

ISBN4-921132-62-3　定価／1260円（税込）

『めんまじ』 絵と文／山﨑拓巳

「自分のココロ」とのつき合い方が上手になる本

プレッシャーをはね返し、成功を導き出す“メンタルマネージメント”を、分かりやすく解説。一見するとコミカルな絵本でありながら、問題解決のノウハウがぎっしりつまった1冊。

ISBN4-921132-60-7　定価／1260円（税込）

『ポケット成功術』 絵と文／山﨑拓巳

凄いことって、アッサリ起きていいよね

人生の快進撃を続ける著者の成功哲学が1冊の本に。ライブ感たっぷりの文章と、親しみのあるイラストが、成功のコツを“理論”ではなく、“イメージ”で語ってくれる、新世代サクセスブック。

ISBN4-921132-16-X　定価／1260円（税込）

『人生はかなりピクニック』 絵と文／山﨑拓巳

あなたとあなたの周り人を幸せにする49の魔法

人生を「もっと豊かに」「もっと楽しく」「もっと自由に」と、本気で思っている人だけにこっそり教える、49のハッピーマジック。読んだその瞬間から誰でも使える、簡単ヒント集。

ISBN4-921132-13-5　定価／1260円（税込）

宇佐美《うさみ》 百合子《ゆりこ》　作家／カウンセラー

CBCアナウンサーを経て心理カウンセラーになる。1986年読売新聞社主催「ヒューマンドキュメンタリー大賞」に『二つの心』が入選。「モーニングEye」の人生相談や「笑っていいとも」の心理テストにレギュラー出演。ネット・カウンセリングの先駆者でもあり、執筆や講演を通してメッセージを発信している。著書はベストセラー『元気を出して』をはじめ、『いつも笑顔で』『あなたのままで』（以上、PHP研究所）、『がんばりすぎてしまう、あなたへ』（サンクチュアリ出版）、『いつでもいまが出発点』（幻冬舎）など多数。

ホームページアドレス　http://www.iii.ne.jp/usami

今のわたしを好きになる本

2005年4月25日　初版発行
2012年11月1日　第19刷発行

著　宇佐美 百合子

イラスト　さとう ひろみ
装丁・デザイン・題字　松本 えつを

発行者　鶴巻 謙介
発行・発売　サンクチュアリ出版
東京都渋谷区千駄ヶ谷2-38-1
〒151-0051
TEL　03-5775-5192／FAX　03-5775-5193
URL　http://www.sanctuarybooks.jp/
E-mail　info@sanctuarybooks.jp

印刷・製本　中央精版印刷株式会社